Haïti :
Entre beauté et blessures

Dieurat Clervoyant

Langaa Research & Publishing CIG
Mankon, Bamenda

Publisher
Langaa RPCIG
Langaa Research & Publishing Common Initiative Group
P.O. Box 902 Mankon
Bamenda
North West Region
Cameroon
Langaagrp@gmail.com
www.langaa-rpcig.net

Distributed in and outside N. America by African Books Collective
orders@africanbookscollective.com
www.africanbookcollective.com

ISBN: 9956-727-23-7

DISCLAIMER
All views expressed in this publication are those of the author and do
not necessarily reflect the views of Langaa RPCIG.

Remerciements

Je tiens à remercier vivement le peintre Hollywoodien John Forest AKA Jonathan Wood de Deakin University à Melbourne, Australie dont le tableau sert de marquette de couverture. Utilisée avec permission qu'il a lui-même accordé au Professeur Bill F. Ndi, qui lui aussi est remercié pour avoir accepté de lire soigneusement ce recueil, de suggérer des corrections et d'écrire la préface. De manière général, car je ne puis citer tout le monde, je remercie tous ceux qui d'une façon ou d'une autre m'auront encouragé dans mon parcours poétique et poéticen.

DC

Table des matières

iv

Préface

Première République noire, Haïti est le premier peuple asservi à avoir défié le système esclavagiste en proclamant son indépendance vis-à-vis de la toute puissante France napoléonienne, esclavagiste et impérialiste, qui portait ses exploits belliqueux dans toutes les portes de l'Europe et même au-delà. Peuple d'esclaves ayant rompu les chaînes de l'esclavage dans un monde marqué par une seule réalité, celle de l'esclavage, Haïti brandit non seulement une révolution au même titre que la française ou l'américaine, mais encore voulait porter cette révolution partout chez les peuples d'esclaves ou de colonisés qui croupissaient sous le joug infâme de l'esclavage et de la colonisation. Expérience qui fait rêver. Expérience qui met en valeur un peuple valeureux dans toute l'histoire mondiale dont l'exemple voulait se proposer même en cas d'école.

Mais hélas ! Cette glorieuse victoire des faibles sur les forts, de la justice et du droit sur un système qui exploitait, de la façon la plus inhumaine qui fût, les faibles sous le prétexte fallacieux de civilisation des sauvages, aura vite montré ses faiblesses et ses limites, au point où l'on est parfois tenté de se demander si la horde des esclaves était déjà prête pour l'aventure qu'elle avait menée.. Mais toutefois, c'est sans donner lieu aux esclavagistes et à leurs partisans de justifier leur immorale imposture. Dès la mort de Jean-Jacques Dessalines, très peu de temps après la « glorieuse » indépendance, l'opprobre est jeté sur le peuple illustre par ses frères qui se montreront tous indistinctement indignes de la révolution haïtienne. Hélas ! Haïti offrira depuis le spectacle macabre, burlesque et piteux d'un peuple incapable de construire une société juste et démocratique.

Dieurat Clervoyant (ne vous étonnez pas de voir ailleurs l'autre orthographe du nom de l'auteur, « Clairvoyant ») se fait le chantre des différents moments qui marquent l'histoire haïtienne. Poète qui vit en France depuis 24 ans, Clairvoyant s'exprime, parfois avec une virulente violence que peut seul comprendre l'exilé qui vit dans une perpétuelle nostalgie de la terre natale. Son verbe à l'égard des dirigeants de son pays n'est pas toujours agréable, pour ne dire même qu'il est généralement discourtois et accusateur. Homme d'une morale austère, il se laisse pourtant aller dans *Obséquiosité* par exemple dans l'expression d'une colère qu'on pourrait caractériser d'une grande immoralité. On sent toute la douleur éprouvée par le poète devant le sempiternel malheur de son peuple. S'il se montre dur, sévère à l'égard de la nature qui ne se montre pas toujours juste à l'égard de sa chère Haïti, c'est surtout les dirigeants haïtiens qu'il rend responsables de l'éternel malheur du peuple.

Mais Clervoyant ou Clairvoyant, une façon de vous habituer à ces deux orthographes, n'est pas le poète qui se complaît uniquement dans l'accusation ou la dénonciation de l'immoralité de ses compatriotes. Il fait vivre ou revivre, pour ceux qui connaissent cette réalité, l'espace-temps haïtien, du moins celui qu'il a connu avant d'avoir quitté Haïti, comme un paradis où il faisait bon vivre malgré les inconvénients signalés. Pas mal de moments, d'heureux moments semblent avoir marqué le peu de temps de son existence qu'il a passé dans ce pays. On sent chez Clervoyant, à travers la description de ces moments, l'habitation du mythe de la terre natale dans l'inconscient de tous les exilés qui vivent loin de leur pays. Clairvoyant, qui après 24 ans de rupture dans l'espace-temps avec son pays qui hante sans cesse son esprit et ses rêves, livre dans *Haïti, entre beauté et blessures*, la vision d'un poète frappé d'interdiction (une espèce de refus) de rentrer dans son propre pays, en raison des événements politiques et sociaux malheureux qui frappent sa misérable patrie sur la chaîne ininterrompue des faits qui marquent l'histoire de ce pays avec un « Deuil éternel ».

Bill F. Ndi
Prof. De Littérature et d'Histoire des idées et des mentalités
Tuskegee University, Alabama, USA

x

Preface

The first Black Republic, Haiti was the first subjugated nation to defy the slavish system by proclaiming its independence from the almighty Napoleonic France with slavish and imperialist push that took its warring exploits through the corridors of Europe and beyond. Enslaved people having cut the chains of slavery in world marked by one and only one reality, that of slavery, Haiti did not only lead a Revolution with the magnitude of either the French or the American Revolution but desired to take this revolution everywhere on earth where enslaved or colonized people were struggling with the yoke of slavery and colonization. An ideal and dream experiment! This experiment highlighted a strong-willed people in the history of the world and their example a typical case study.

But, alas! This glorious victory of the weak over the strong, of justice over injustice, of law over an inhumane exploitative system that was operating under the fallacious pretext of civilizing savages, soon showed its weaknesses and limits to the point where one is often tempted to enquire if the enslaved were really prepared for the adventure they had started…. This, however without given a leeway to slave mongers to justify their immoral posture. From the death of Jean-Jacques Dessalines, shortly after the "Glorious" independence, shame is brought upon this valiant people by their brothers who all proved not to be worthy of the Haitian Revolution. Alas! From then on Haiti would stage a macabre, burlesque and pitiful spectacle of a people incapable of building a just and democratic society.

Dieurat Clervoyant or « Clairvoyant » makes himself a true bard of the different epochs and events that have marked Haitian History. This poet, Clairvoyant who has lived in France for the past 24 years, expresses himself at times with a virulent violence that only an exile living in a perpetual nostalgia of his/her native land can understand. His words directed at the rulers of his native country is not always flattering, a euphemism not to say discourteous or accusatory. Poet with moral probity, he however slips into *compliance* when expressing his anger that can easily be styled great immorality. We don't only read but feel every pain felt by the poet faced with the terrible plight of his people. Even if he is hard and severe against nature which is not always just vis-à-vis his dear Haiti, he points at none but the leaders of his country as the main target of those responsible for the plight and misery of his people.

Clervoyant or Clairvoyant is not a poet who only finds pleasure in accusing or denouncing the immorality of his compatriot. He brings to life, to those familiar with this reality, Haitian Time and Space or at least that with which he was familiar before leaving his Paradisiac Haiti where life bustled in spite of the inconveniences highlighted. Many, many happy moments seem to have punctuated the time he spent in his home country. Through the poet's description of these moments the reader feels the habitation of the myth of mother earth in the unconsciousness of all those who live away from their motherland. After 24 years away from his native Haiti, Clairvoyant who is haunted by the same offers the reader in this collection the vision of a poet scarred by prohibition (a refusal) to return to his country of origin because of the political and social stalemate that is hitting hard on his miserable fatherland on a chain of untoward events punctuating the History of this country with *"Eternal Mourning".*

Bill F. Ndi
Prof. of Literature & History of ideas and Mentalities
Tuskegee University, Alabama, USA

Mots d'auteur

Personne, ni même un réfugié ou un apatride, ne peut comprendre l'immense douleur que j'éprouve devant l'exil forcé que je vis loin de mon beau pays depuis vingt-quatre ans.

Je n'ai jamais imaginé ma vie en dehors d'Haïti, cette île enchanteresse où j'ai connu toutes les belles choses que recèle ce coin du globe qui émerveillait et ses fils et ses visiteurs. Mais hélas il s'est produit tellement d'événements malheureux dans ce pays, autrefois perle des Antilles, aujourd'hui infréquentable parmi les nations, que mon cœur se vide chaque jour de son sang, autant que saigne le cœur de la nation. Et je suis partagé entre la résurgence des souvenirs doux et heureux et une grande rage contre mes compatriotes qui plongent chaque jour leurs mains « patriphages », avec un sadisme sans nom, dans la chair vive de mon pays. Et j'éprouve une telle déception, une telle colère, une telle rage à l'égard de la situation et de ceux qui la perpètrent que je ne pourrai pas les décrire par des mots, qui d'ailleurs n'existent pas, hélas, dans la langue. Seule une attitude peut exprimer ce sentiment : mon refus ou plutôt ma peur de mettre les pieds dans ce pays où j'ai pourtant toujours rêvé de vivre, en consentant par là le plus GRAND sacrifice que jamais un homme puisse faire dans sa vie. Je m'interdis l'objet de mes délices pour protester contre le fleuve de sang que répandent sans cesse les mains sanguinaires dans ma pauvre Haïti.

DC
Paris, le 26 juillet 2012

Author's Foreword

No one, not even a refugee or a stateless person would ever understand the great pain that I feel stricken with the mishap of forced exile that I have experienced far away from my beautiful native land for the past 24 years.

I have never imagined my life out of Haiti, this charming island where I have enjoyed all the marvels contained in this part of the world that both its children and visitors alike share. Unfortunately, too many sad events have stricken this country, once the pearl of the Caribbean. Today this nation is not frequented, whereas my heart sheds it blood as much as the heart of this nation bleeds. And I am split between the resurgence of fun and happy memories and a great rage against my compatriots who everyday deep their patricidal hands, with despicable sadism, into the raw flesh of my country. And I am overwhelmed with deception, such anger and such rage against the situation and against those perpetrators that I cannot describe with words which by the way do not exist in any language unfortunately. One and only one attitude can substantiate this feeling viz. my refusal or rather my fear to set foot in this country where I have always dreamt of living, and by so doing submitting to the greatest sacrifice that a man might render all his life. I deny myself the object of my delight to protest against the river of blood flooded by sanguinary hands in poor Haiti.

DC
Paris, 26th July 2012

Cauchemar d'un soir rose-noir

Le soir sur la ville tombait,
Puis sur tout le pays commençait à se draper
L'épais clair-obscur aux ailes géantes.
La Capitale, puis toute l'île envoûtante
S'apprêtait à rentrer
Après une harassante journée de labeur.
Elle s'apprêtait à retrouver
Les proches disséminés un peu partout
Par les besoins de la vie,
Rassemblés autour de la table du soir.

Une bonne partie
Attendait pour rentrer dans la nuit,
Tout juste quelques heures.
Ils attendaient, leurs nuisettes préparées,
L'heure rose,
Pour aller s'endormir,
Beaux tels des anges,
Sous les doux chuchotements de Morphée.
Ils attendaient que la nuit s'installe,
Rose, toute rose et majestueuse,
Pour se livrer aux caresses quotidiennes
Des dieux de Nyctos.

Port-au-Prince se préparait chaque jour
Dès dix-huit heures
Pour son prince qui ne la visitait
Que la nuit.
Jacmel, Léogane, Petit-Gôave, etc.
Se mettaient au mouvement

Dès dix-sept heures.

Perles roses et irisées,
Elles n'avaient besoin de rien
Pour séduire leurs amants.
Leur peau d'or et de cuivre,
L'odeur embaumante de leur souffle nénuphar,
Leurs yeux ruisselant de diamant,
La délicatesse de leurs gestes,
La finesse de leur goût,
La sveltesse de leur corps
Etaient assez d'appâts
Pour enivrer les plus exigeants des dieux.
Mais de galante posture,
Elles répandirent sur leur grâce naturelle,
Leur baume quotidien,
Elles allèrent pour une énième fois
Honorer l'habitude des nuits rose-poésie,
Remplies de tendresse et d'infinies douceurs,
Entrelacées, tels des serpents en convulsion,
Dans les vapeurs ondulées de leurs bien-aimés.

L'enivrante odeur d'un spasme lavande,
La liqueur de cerise-pomme-cannelle-anis
Répandaient déjà quelques heures avant la nuit,
L'enivrant baume des couches harmonieuses ;
La capitale et toute l'île enchanteresse
Nageaient dans un étang de roses et de douceurs
Fertilisantes des prairies nuptiales déjà verdoyantes.
Port-au-Prince, Jacmel, Léogâne, Petit-Goave
Allaient tomber sous peu
Dans l'ivresse douce d'une nuit rose et vénustée.

L'immense voile de bonheur pressenti,
Bientôt répandu sur les Amours,
Occulta le bonheur des plus divines Grâces
Comme Vénus ou Psyché
Qui devinrent soudain rouges d'envie.
Craignant pour leur trône de beauté diapré,
Dans une rage vermeille, de jalousie pourpre teintée,
Les rivales d'autrefois firent une alliance sacrée,
Elles joignirent leur force contre la merveilleuse Ayiti,
Digne objet de leur terrifiante peur.

La soirée à grands pas avançait,
Et l'île allait bientôt se perdre
Comme d'habitude dans le fil inlassable
Des délices sans fin d'un éternel hymen.
Le couple infernal joua le trouble-fête.
De *traître* menée, les déesses terrifiées
Ebranlèrent les colonnes du lit d'Amour
Et plongèrent dans l'épouvante et la terreur
Les époux qui se préparaient à savourer,
Selon un rite cyclique et perpétuel,
Les joies sucre vanille de l'heureux lit conjugal.

Vénus qui convoitait les nuits rose-ambrée
D'Amour avec la svelte et divine Haïti
Ne pouvait encore une nuit de plus souffrir
Le rejet dont elle fut l'objet à cause de la belle Île
De la part du volage, adorateur
Des beautés en fleurs et méprisant des fleurs fanées.
Dans une épouvantable colère,
Elle frappa d'un coup de pied
Le disque sur lequel se tenait Haïti.
Psyché d'un pet horrible

Fit voltiger le disque
Et tout à coup
Haïti
Devint
Le théâtre
Macabre
De scènes
Fantastiques.

Rêve ou cauchemar ?
L'espace du merveilleux devint tout à coup,
Au réveil du petit matin aurore-noir,
Peu d'heures après l'horrible événement,
Le lieu par excellence d'un nouvel espace littéraire
Pour l'imaginaire fertile haïtien,
Celui du fantastique
Qui nourrirait sans doute
Cette nouvelle forme d'écriture, hélas.
Une nuit rose se transforma soudain en noir cauchemar,
Ce 12 janvier 2010.

Voix inaudible

Haïti
Tu es le chant sourd
Qui résonne
Dans le cœur fermé de la nature

Tu es le tambour muet
Qui retentit
Dans le cœur

Sourd de Dieu.

Impassible nature

Je cueille ton silence
Comme un fruit mûr
Qui finira au cimetière de ma bouche
Là *giseront* dans l'opalescence
De cette tombe blanchie
Ses dépouilles
Ainsi que gisent les corps
Des trois cent mille frères
Arrachés avec sadisme à la lumière
Et jetés dans l'enfer de la nuit éternelle
Ma plume les vengera
Et une stèle dressera
Où leurs noms seront gravés
Je cueille ton silence complice
Comme un fruit mûr
Qui finira avec rage
Sous les dents assassines
De mes doigts révoltés
Méchante nature

Pauvre Haïti

Pauvre femme qui sanglote,
Epuisée, dans le désespoir et la douleur,
Indomptable panthère
Aux griffes de guerrière

Qui s'accroche, battante, à la vie,

Pauvre pays qui nage,
Demi-mort, dans le fleuve de sang
Qui noie les souvenirs
De ton glorieux passé,

Pauvre fille abusée
Sous les manguiers en fleurs,
Sous les tentes fleuries
De ta rose virginale
Par tout passant éhonté
Cherchant avide et insatiable
L'orgasme du printemps qui point
Comme l'aurore douce et frivole,

Qui te redonnera
Ta virginité arrachée
Avec rage et cruauté
Par les sadiques vergognards
Qui ont planté
Leur vulgaire pieu dans ton cœur ?

Vénus haïtienne

Ton corps, astre de velours
Qui plonge ses rayons d'or
Dans le sein visqueux
De l'océan en orgasme,

Ton corps en étreinte convulsive

Et entrelacé avec la mer
Dans la danse des serpents
De l'onde mi-dormante,
L'onde rose qui joue
De ses doigts mystiques
Les accords de fa septième majeur
Au piano de la vaste plaine bleue,

Ton corps, astre luisant
Dans un panier d'osier déposé,
Baigné des poussières du crépuscule
Qui pleure au tombeau de la mer,

Topaze, chrysolithe,
Rubis, granite,
Turquoise, émeraude,
Spinelle bleu-violet,
Améthyste, saphir…

Ton corps,
Chrysalide, papillon, libellule
Arborés d'améthyste,
De rubis et de saphir mariés
Dans un arc-en-ciel d'appâts,

Est une offrande
A la table de Zeus.

Regret

Le ciel était ce jour-là gris
Et de brouillard humidifié.
Après une nuit où je fus horrifié
Par les arçons, qui m'ont rendu aigri,
D'une sombre et blanche insomnie,
Je me réveillai éperdu et perdu
Dans une forêt de pensées tordues.
Ouvrant les portes qui donnaient sur ma vie,
Je vis par-devers la chaussée de mon mens
Un cheval, une fleur, une voiture.
Remuant mes yeux par tous les sens,
Evitant de pécher par luxure
Et ne voulant pas faire le choix des champs,
J'ai plutôt choisi le chant :
J'ai pris la fleur et laissé la voiture
Sans regret, ni remords. Quant à l'équidé,
Je lui tournai le dos, bien que j'aime son dos.
J'aime les champs, mais il m'est un bien lourd fardeau
De m'y trouver à chevaux et bœufs élever ;
La voiture pète trop dans la nature
Le luxe de l'humaine folie hélas,
Je lui crachai dessus de mépris une bonne dose.
J'exhalai de la fleur l'odeur douce et rose
Et je devins d'exercices las
Un poète qui pète, crache et vomit
Sur un monde noir sa blanche colère,
Qui hurle et hurle sa rage sur la chimère
D'un monde meilleur à tous promis
Mais qui n'est en fait qu'un vrai leurre
Pour endormir des esprits éveillés la douleur.

Mais à quoi sert la plume dans le monde aujourd'hui,
Cette fleur par le matérialisme fanée ?
On saute, on court, on vole, on jouit,
Oui le matériel offre à nos sens enfiévrés
Qui après la luxure courent sans jamais se lasser
Un plaisir aux dimensions presque même dépravées.
Hélas nos sociétés actuelles leurs colonnes bâtissent
Sur les piliers de bronze et d'acier
Du matérialisme sur lequel s'établissent
Les ruines du fondement spirituel
Du monde antique cent fois humilié
Par un goût trop marqué pour le matériel.
Poètes et philosophes leur pain mendient,
La fleur dans leur main à grand-chose ne sert plus
Sinon qu'à embraser le monde qu'ils incendient
De leur verbe cent fois pire qu'un obus
Lâché avec fracas et une rageuse colère,
Parce qu'il ne veut plus le spirituel abriter
Et pour être devenu du grossier le sanctuaire
Et pour le « sage » une prison forcée.
Mais hélas le faible à la tentation cède
Et même les plus robustes, puisqu'enfin
Il faut sur les pas de la foule marcher.
On résiste, on résiste, puis on lâche et cède
Aux vils appels à nos oreilles jetés sans fin
De la tentation à marcher
Sur les terres viles de la luxure.
Dois-je regretter de n'avoir pas choisi la voiture ?

Faux espoirs

Tu m'as fait boire à la source infâme
De ton palais livide
Une eau cristalline
Couleur saumon-aurore

Tu m'as enivré
De chuchotements intenses
A mes tympans jetés
Comme une rosée de tendresse
Dont la plus tendre des femmes
Baigne et parfume son amant

Et moi tout innocent
J'ai cru en ton amour
Et embrassé ton sein que j'ai longtemps baigné
Des salives d'un nourrisson
Fragile et blessé
En attente d'une mère consolatrice

Mais je me suis réveillé
Agonisant de désespoir
Car tout me rappelle
Que tu n'es pas ma mère
France

Rage

Je crache ma colère
            Dragon furieux
                    Dans une complainte
                            Blanche et ronde
Sur une société
        Jaune
                Aux
        Obscurs desseins
                Contre
Le Nègre
            Erigés
J'accuse
        En quadruples croches
                    Ce blanc sourire
Sur tes lèvres
            Esquissé
                        O France
A chaque fois
            Que sur ton oreiller
                            Garni
                    D'épines
                            Roses
                                    Penché
                    Tu
        Fais boire
                Au Nègre
            Qui soupire
                Et
                        Implore
Sur tes couches

11

Un sommeil paisible
Cinq litres d'absinthe
Et de fiel
Et que tu le
Fais dormir
D'agonie
Et de
Souffrance
Savamment
Et doucement infligée

Terres que j'aime et déteste

J'appartiens à deux terres
Deux patries
Que j'adore et déteste
Elles sont la source
De mon éphémère joie
Elles sont la source
De   mon
sempiternel malheur
Je vous hais de vous avoir trop
aimées

Vaines chimères

Roses pensées
Projets roses
Roses desseins
Vous
Etiez
Nos
Rêves
Roses
Sur les rives
De notre
Adolescence
Jalonnés
Et
Jetés
Mais
Vous
N'êtes
Qu'ombres
Mirages
Et chimères
Dans l'écran
De
Nos verts désespoirs
Apparus
Et révélés

Espoirs déçus

Je cueille dans les champs verts
De mes espoirs déçus
Les grappes de roses
Plantées sur mes illusions
      D'enfant
Je cueille dans les champs roses
De mes illusions noires
La blanche déception
Des ronces qui remplissaient
La toile de mes jours d'insouciance
J'attends ma dernière demeure
D'épines où je languirais
Eternellement dans tes bras
Tu n'auras été qu'une insensible
Marâtre pour moi
Mais je t'aimerai encore
Mère. O pays de mes langueurs

Je ne t'aime plus comme avant

Et toi astre perché
Dans les hauteurs des cieux
De splendeur et de diamant vêtu
Objet de mon blasphème
Contre le très-Haut tourné
Toi qui noyais mes nuits
Dans l'abîme profond
De l'océan de chimère
Où nageaient mes illusions de bonheur

Et qui mes jours plongeais
Dans une douce et folle ivresse
Où tous tes ténébreux desseins
Prenaient forme et vie dans ma chair rose
Délectable saumon sous tes dents blanches
Je laisse là mes offrandes
A ton autel destinées
Je m'en retourne me rappelant
Que je ne t'aime plus
Tu es déchue dans mon estime
Tel jadis Lucifer du trône de Dieu

Pluie sur toit en tôle

Douce pluie qui sur notre toit
Jouais tes notes en fa majeur
Par des nuits étoilées
Où nous n'avions pour seule lumière
Que le reflet lointain des hôtes du ciel
Gratouille encore mes souvenirs
De ces instants de doux bonheur
Qui inondaient ma vie d'enfant
Tac…toc…tac…toc
Tac…toc…tac…toc
Tac, toc, tac, toc, tac, toc, tac, toc
Tactoc, tactoc, tactoc, tactoc
Tactac, tactoc, tactac, tactoc
Tactactac, tactoc, tactactac, tactoc
Pluuui, pluuui, pluuui
Plouui, plouui, plouui
Tic, tac, tic, tac, tic, tac, tic, tac

Tictac, tictac, tictac, plouui, pluuui
Tictactac, tictactac, tictactac, tictactac
Plouui, pluuui, plouui, pluuui
Pluuui… ·pluuui… … pluuui… … … pluuui
Tac…, …, toc…, …, tac…, …, …, toc
Et je m'effondre dans les bras de Morphée

Haïti

Haïti à ton seul nom
Je vomis ma rage
Dans mon cœur depuis trente ans couvée
Contre mes frères
Esclaves hélas ivres
Saouls du sang de leurs frères
Qu'ils sucent à cœur joie

Haïti a ton seul nom hélas
Je vomis ma colère
Contre tes fils
Depuis trente ans cuvée
Et fermentée avec dégoût
Et un mépris pourpre

Haïti à ton seul nom j'exhale
La puanteur du désespoir
Et je m'enivre à la lie
Dans l'espoir d'oublier que tu fus
A ton seul nom j'aspire
De la fiente purulente et de ta béante plaie
L'odeur nauséeuse et fétide

Dans l'espoir de me saouler
Et d'oublier que j'étais

A ton seul nom Haïti
J'entends malheurs et vois misère
Répandus par les mains impudentes
De tes fils immoraux
A ton nom seul hélas
J'entends gronder dans mon cœur
L'ouragan rouge sanguin
D'une amertume bleu-ciel
Infinie et géante comme l'océan

A ton nom seul Haïti
Je chie sur les monstres sans cœur
Qui remplissent tes bords
Et vomis de nausée
A la vue de ces cadavres pestilentiels
Ces dépouilles ambulantes et putrides
Qui poussent dans ton jardin
Souillé par leurs forfaits

Haïti à ton seul nom
Je pleure, je pleure, je pleure
Et remplis bien d'océans asséchés
Par mes larmes en abondance répandues
Sur la cruauté et l'indolence de mes frères
Haïti à ton seul nom
D'une éternelle indignation
Je frissonne et tremble
Et meurs d'une honte éternelle
Haïti à ton seul nom…
Je maudis mille fois tes fils

Dehors !

Fauves sans cœur, ni lois,
Esclaves de vos instincts naturels,
Bandits féroces portés
Vers le sang, faucons nécrophages
Au goût nauséabond,
Tigres, loups pauvres diables,
Misanthropes, fratricides,
Patricides, parricides, poulophages,
Cleptomanes, cleptocrates vergognards,
Incivils, a-sociables, gueucrates,
Voyoucrates, assassins,
Chiens cravatés, porcs attablés,
Onocrates, canthèliocrates,
Fils indignes de la Patrie,
Esclaves encore enchaînés
Dans les chaînes de l'esprit,
Il vous eût mieux valu
Tenir encore dans les fers
Et vous libérer de l'esclave spirituel,
Car à fauves indomptés
Il faut l'apprivoisement
Avant la liberté ;
Or on vous a brisé les chaînes
Des pieds et non celles de l'esprit.

Carnassiers nécrophiles,
Assassins tortionnaires de nos aïeux
Que vous dépecez avec bonheur
Dans vos penchants cadaveresques,
Traîtres, hypocrites, monstres,

Robots destructeurs,
Vandales qui détruisez de vos hideuses mains
Les colosses, la glorieuse architecture
De la glorieuse nation
Que vous avez transformée en Piteuxétat,
En Etat délabré, en Etenruine,
En Miserétat et en Misétat
A cause de votre cleptomanie,
De votre cupidité, de votre canthèliocratie…

Assez, animaux insensés,
Bourreaux de vos frères,
Paléoanthropopithèques bornés
Que l'instinct oriente vers le sang et le désordre,
Assez de penser en « Haï(r)-siens »
Et de faire de la misopatrie !

Je déclare devant l'humanité
En émoi devant le 12 janvier
Que le pays ne s'appelle plus Haïti
Mais désormais « Philadelphie ».
Et que ces vers sans poésie,
Ni rime, ni mètre
Soient dans leur juste mesure entendus
Et que l'onde merveilleuse
Au loin l'emporte et le proclame :
Nous sommes une merveilleuse nation
Qui ne hait plus les siens
Mais qui les aime ;
Haïti est morte, Philadelphie est née.

Crapules sans vergogne,
Clans de voleurs, de pilleurs sans scrupule,

« A-patrides » malfaiteurs
Qui avez traîné, immoraux,
Le pays dans la coupe fécale
Pleine jusqu'à déborder,
Dehors ! Philadelphie n'est pas une faune,
Elle est aux hommes destinée,
Aux hommes doués de raison
Et civilisés.
Dehors !

Compassion

Et toi rose qui pleures
Devant tant de témoins incapables
De sécher tes larmes insondables,
O toi divine fleur
Qui as séché les pleurs de tant d'hommes,
Consolé tant de cœurs affligés,
Toi dont le doux arôme
A apaisé tant de malheurs infligés
Aux plus misérables humains,
Arrête, ô arrête de remplir la fontaine
De tes yeux vermeils et en peine !
Dis, qui a arraché de tes mains
Le bonheur qui ruisselait sur ton visage ?
Douce fleur toujours plus belle et plus sage,
Qui a percé de ton cœur la cuve d'or
Et inondé tes yeux d'aussi chaudes larmes ?
Combien a-t-on utilisé d'armes
Pour arracher tes pleurs et percer ton corps ?
Il n'est hélas pire chose

Qu'une rose en pleurs et qui saigne de plus :
C'est qu'une main malveillante, et bien plus,
Un faucheur, a dû mettre une bonne dose
De méchanceté à enfoncer un poignard
Dans sa chair tendre, malheureuse et vive.
O pauvre pays à la mine craintive,
J'ai lu mille obstacles dans ton regard.

D'Haïti au Japon

Pourquoi donc, ô méchante nature,
Lâches-tu avec une aussi blanche fureur
Ton vert courroux sur un monde sans armure,
Pauvre fourmi effrayée devant la terreur
D'un géant éléphant, vandale qui broie
Dans une folle rage hélas
Et qui noie dans une piteuse colère noire
Tout ce qu'ont produit nos doigts jamais las ?

O Monstre sans cœur jaloux de nos œuvres,
Toi qui détruis, insensible, les traces de nos mains
Et qui tues, cruel, nos enfants, nos meilleures œuvres,
Et qui bois, joyeux, de nos semblables humains
Le sang dont tu te nourris d'un entrain allègre,
Que t'avons-nous fait, dis-moi,
Méchante Nature aux dures lois
Qui déverses ta folie sur nos êtres malingres ?

Nous comptons par ta faute les corps de nos victimes
Répandus çà et là dans les champs funestes
De la mémoire sombre qui nous intime

De révérer leur mémoire et leurs restes.

Pourquoi dans ta rageuse ire tu détruis
Ce que nous avons mis cent ans à construire ?
Sur nos chers ravis le jour plus ne luit,
Et tu nous exaspères par ton désir de nuire.

Avons-nous hélas quelque rempart ailleurs,
Un lieu sûr où abriter nos têtes
En proie aux assauts répétés de ta folle fureur ?
Hélas tes monstrueuses mains en fête
Secouent partout les colonnes auteurs de nos malheurs
Et sèment partout où vie pousse la ruine.
Hélas, tes mains dans leur furieuse ardeur
Cherchent funestes aventures et fouinent
Dans les somptueux palais que nos mains ont construits
Et nous ont malheureusement tout détruit.

Obséquiosité

Je chie le désespoir
De mon peuple prisonnier
Des avares sans cœur
Qui enculent la nation

Je vomis la rage
De mes frères hélas trop faibles
Pour affronter les tyrans
Salauds pauvres diables
Qui les enfoncent
Dans la misère

Je rote sur la puanteur
De l'immoralité ambiante
De nos dirigeants
Qui étouffent mes compatriotes
Qui ne peuvent leur répondre

Je pète sur les vices
Des faucons de la République
Criminels pilleurs
Des deniers publics

Je crache sur vous
Bande de cochons
Elevés dans la crasse et la saloperie
Bande de chiens cravatés
Sans vergogne.

Assez fout tonè !
Bay fout pèp la peyi li.

L'espoir

Je plonge mes mains dans la brume
Endeuillée de ton cœur creux ;
Je tourne, je virevolte
Dans le brouillard ténébreux
Qui plane, triste linceul,
Sur ton destin malheureux ;
Je plonge dans les profondeurs
Du désir intense du peuple

De sortir de la spirale du blanc destin
Qui l'englue dans l'infortune
D'une déconcertante histoire
Qui emplit tes bords de désastres ;
Je renverse les étagères de la mémoire
Dans l'espoir de trouver quelques bribes d'or ;
J'agite les eaux troubles de la conscience collective
Cherchant quelques pépites de diamants, .
Mais hélas surgit du fond des abimes
Un immense ossuaire,
Cimetière blanc où se couvent les blancs desseins
D'une horde de spectres au goût nauséeux,
Aux bras destructeurs et assassins
Qui effeuillent l'histoire
Par tant d'ouragans sur elle soufflés.
Brumes, brouillards, abimes
Déploient leur géante toiture sur notre histoire
Et éteignent hélas tous les cierges de l'espoir.

Sentiments partagés

Quand il pleut et neige dans mon cœur,
Terre chérie, loin de toutes les folâtreries
Et insouciances que tu me prodiguais
Quand sur tes seins appuyé,
Je me délectais du miel de ton ciel
Et de tes plages rayonnantes de joie ;
Loin des doux alizés et des brises folâtres,
Je lance, du désert de neige
Où mon être asservi et pris au piège
De la vindicte de l'étranger qui m'embroche,

Contre ton cœur, cible idéale, mes flèches empoisonnées.
Quand il me monte à l'esprit le souvenir
De ton soleil doré et de tes plages bleu-vert,
Je te bénis mille fois, ô Haïti,
Pays de mes rêves où plongent les racines
De mon enfance bercée de verdure,
De galets, de cailloux, de fruits et de bonheur.
J'ai perdu mon innocence et ma joie
Laissées aux bords de tes rives et de tes plages.

Rendors-moi Haïti

La vie chantait, insouciante,
Sur les bords de ton fleuve et sur tes rives
De perles jonchées et de beauté colorées.
La vie chantait, rieuse et rêveuse,
Sur les bords de tes plages et dans tes rues
De gaîté *rivées* et de soleil ornées.
La vie grouillait dans nos cœurs,
Perle des Antilles autrefois couronnée
De jaspe, de rubis, d'émeraude,
De diamant, d'or et d'honneurs.
La vie chantait allègre et heureuse
Quand tout l'été nous savourions,
Ecoliers en vacances, à la recherche de saveurs,
Tes fruits à profusion et les plaisirs sans fin
Des promenades sur tes plages,
Dans tes montagnes, tes collines et tes prairies
Où grouillait la vie à travers sources et rivières
Qui plongeaient nos jeunesses dans l'illusion
D'une éternité bénie et sans fin

D'où coulaient béatitude et félicité éternelles.
Nous rêvions, nous rêvions en ces temps-là ;
Nos rêves étaient couleur d'or,
De jeunesse, d'illusion et de poésie.

Mendicité

Je plante dans ton jardin
Mon pauvre cœur asséché
Mendiant d'amour et de justice
Ce cœur condamné à errer
Loin du bonheur et de la félicité

J'accours vers toi
Juge bien-aimée
Mendier ton cœur et ton amour
Venge-moi de l'impassible nature
Qui me condamne à poursuivre l'amour
Comme le vent qu'on n'atteint jamais

Je mange chaque nuit
Le pain rassis de ma souffrance
Que je trempe dans le vin chaud de mes larmes
Et j'attends chaque jour
A mon réveil un signe d'Amour
Qui oublie toujours
Que j'étais dans l'Existence
C'est qu'un grand deuil
Sur ma tête déployé me cache.

Poésie rose

Couverts du soleil de cristal
Sur nos têtes nues appuyé
Et du bleu firmament d'astres
Eteints rempli, à nos côtés la mer
Du firmament bleu colorée,
Sur nos têtes des arbres fruitiers,
Des arbres parasol d'un vert éternel,
Nous écoutions la brise du midi
A nos oreilles siffler son chant magique.
Elle flirtait avec nos corps étendus
Et perdus dans une extase sans nom,
Elle nous faisait l'amour,
La brise enchanteresse,
Et nous étions dans ses mains gracieuses perdus.
Nous rêvions alors de poésie rose,
De douceurs bleues, de rêve vert,
D'amour saumon et flamant-rose,
De fiançailles de soleil couchant colorées,
De mariage aurore et d'aube arrosé.
Sous la magie des fées
De la douce et bienveillante nature,
Nous ne pouvions, chère, que rêver rose.

Chimère blanche

Etalés et jonchés sur les rives bleues
De notre jeunesse en fleur,
Nous donnions vie à nos chimères,
Nous rêvions qui de trois jolis pétales
Dans notre jardin éclos,
Qui de parterre où s'étalent
A perte de vue des filles en fleur,
Qui d'odes et de villanelles,
Qui de porsche, de rose et de jaguar,
Qui de tige blanche et de terrain noir ou vert,
Qui de sonde, qui de toge, qui de robe…
Toi et moi, nous rêvions de nos trois pétales,
De trois jolies fleurs dans notre jardin
Epanouies, nous rêvions de trois étoiles
Déposées avec grâces et charmes
Dans notre panier de bonheur comblé.
Toi et moi, nous rêvions, souviens-t'en,
De lendemain et de rêve en jaspe sanguin.
Mais nous n'avons eu que blanche chimère.

Méchante vieillesse

Pourquoi donc, ô vieillesse, nous fais-tu peur
En grinçant tes dents de méchante sorcière
Sur nos cœurs enfermés dans la verte peur
D'un lendemain compté à petites cuillères ?
On a vécu, on a vieilli, puis vient enfin
L'étape fatale et combien redoutable
Où l'être entier par l'angoisse de la fin
Obsédé devient misérable et pitoyable.
Il ne vit plus, il est soucieux et perdu
Dans maintes réflexions sur la fin dernière ;
Ses jours sont un enfer où son cœur confus
Se débat contre la peur du vide ou espère
En une salutaire régénération
Aux croyants promise par l'Evangile.

Pourquoi donc, ô méchante et injuste vieillesse,
Fais-tu peser sur notre âme ce lourd fardeau
D'un austère verdict qui plonge en détresse
Notre être tout entier, jamais au repos,
Déchiré par l'idée de la dernière peine
Ou l'auguste demeure où tout n'est que néant ?
Nos cœurs saignent par-devers ces pensées vaines
Et notre esprit s'enlise dans un gouffre béant,
Aussi béant que le grand Vide ou le noir monde
Où vont échouer nos dépouilles mortuaires,
A l'idée de partir vers nos pères
Dans le géant trou noir d'un monde qui n'est pas
Et dont la grandeur et l'immensité profonde
Nous inquiètent autant que le noir trépas
Dont l'idée seulement assaille notre âme

De mille coups de massue assénés
Dans nos nerfs tenus au fil d'une lame.
Pourquoi est-on à ce triste sort destiné ?

Vivre est beau, l'être humain s'accroche à la vie.
Vieillard menteur qui feins ne pas avoir peur
De ta fin prochaine, auquel l'âme sera ravie
Dans très peu de temps, tu trembles de pâleur,
Et ton cœur n'est plus qu'une mer orageuse
Où grondent les flots troublants et écumants
D'une intense amertume, d'une humeur ravageuse
Qui crispe ton être affolé et souffrant
A l'idée de mourir et de rendre ton âme
Qui te sera enlevée à tout jamais.
Tu gémis dans le désarroi et la flamme,
Tu as peur de partir dans l'obscur palais
Où ta mémoire sera à jamais perdue.
Tes jours comme tes nuits sont tristes et langoureux ;
Tu t'es agrippé à une croix suspendue
Par volonté d'échapper au trou ténébreux
Où tu dois aller nourrir les vers de terre.
Mais cette croix, ami, à rien ne tient hélas,
Elle te précipitera bien au contraire
Plus vite que jamais dans le gouffre, en bas,
Plus profond que le néant, l'éternel vide
Qu'abhorre hélas ton cœur saignant devant la mort.
Tes yeux point ne verront la clarté livide
Qui baignait et dont reluisait ton corps,
Tu perdras l'intégrité de ce corps charnel.
Tu chemines vers l'obscurité éternelle
Marquée des temps sans fin et sempiternels,
Et tu vis très mal cette fin personnelle.

J'entends sourdre en ton cœur, autant que dans le mien,
Cette inquiétude, ce regret, cette plainte,
Mais hélas notre souffle à plus rien ne tient,
L'heure a sonné, on doit partir, fi de nos craintes.

O méchante vieillesse qui nous fais perdre
Le goût de la vie et harcèles nos vieux jours,
Arrête, laisse-nous encore nous perdre
Dans quelques rêves avant notre dernier séjour ;
Le gouffre et le néant éternels nous appellent,
Laisse-nous savourer nos derniers instants,
Avec bonheur, et plus jamais ne nous rappelle
Que nous étions des pèlerins d'un moment
Parmi d'autres jetés dans la folle aventure
D'une existence insipide et sans but précis.
O douce vie destinée à la souillure,
Nous t'avons aimée, mais hélas l'infini
Nous appelle vers la demeure éternelle,
Et nous irons, d'une mort blême ou solennelle.
Adieu douce et belle vie, on t'aimait beaucoup,
Mais l'aventure a pris fin, on en est au bout.
Aujourd'hui ou demain, on rend l'âme et le corps
A celui qui les avait pourvus de vie.
En vain résistera-t-on dans de vains et nuls efforts,
La vie n'est pas à nous et elle est finie
Dans le temps ; nous n'y pouvons rien hélas,
Nous la rendrons, de guerres ou de combats las.

Pourquoi ? Pourquoi ?

Haïti, pourquoi m'as-tu privé
De tant de joie et de bonheur,
Loin de tes murs, loin de ton cœur ?
Pourquoi m'as-tu poussé, pauvre enfant
A tes tendresses trop tôt arraché
Et de tes seins trop tôt sevré,
Loin de tes bras, loin de ton cœur,
Loin de ton fleuve d'amour ?
J'épuise hélas mes forces
A éviter la tempête du désespoir
Qui ballotte ma vie loin de tes seins,
J'épuise hélas ma vigueur
A lutter contre les flots d'une avalanche
Contre moi avec fureur lâchée,
J'épuise et taris loin de tes yeux
La source profonde de mes larmes.
Interdit par mes frères de m'approcher
De ta source de joie
Où l'on se désaltère d'eau de vie
Et boit sans mesure et à la lie,
Je meurs dans ce blanc pays
Aussi blanc que ses toits enneigés,
Loin de mon noir pays
Aux toits rouges et noirs.
Quand je retrouverai tes seins
Que mes frères hélas maltraitent derrière moi,
Ils seront sans doute à tes pieds pendus.

Adèle

Je cueille l'odeur du baiser
Que tu me donnes avec passion
Et je la transforme en parfum
Que je répands sur ta poitrine
Blanche d'innocence

J'extrais le souffle du câlin
Que tu me fais
Et le transforme en rosée fraîche
Que je déverse
Sur ton corps d'ébène
Divine Adèle

Je cueille les fleurs de ton regard
Qui me dévêt
Et les transforme en diamant
Dont je te pare
Gracieuse enfant

J'extrais les étoiles de ton sourire
Qui m'apprivoise
Et les transforme
En palais de verre
Où je te loge
Grâce de mille appâts

Je te couronne
Divine Adèle
Faisceau de grâces
Et de lumière

A ton nom seul

Haïti, à ton nom seul à nos oreilles
Retenti comme une musique d'amour,
On entendait rire la grève sous les alizés.
Haïti, à ton nom seul à nos tympans
Jeté comme un air de jazz et de blues,
On entendait le murmure de la brise
Qui flirte avec les arbres de nos plages.
Haïti, à ton nom seul, harmonie des Antilles,
On entendait perle, ivoire, or, jaspe noir,
Diamant, jaspe jaune, rubis, jaspe rose.
Haïti, à ton seul nom par-delà les mers retenti,
On voyait cocotiers, manguiers, flamboyants,
Kénépiers, abricotiers, figuiers, bananiers,
Plages et mer à perte de vue,
Plaisirs, ballades, promenades à perte d'haleine.
Haïti, à ton seul nom sifflé au « corne-lambi »,
On voyait les étés badins, gais et folâtres ;
On voyait les libellules, les abeilles
Et les papillons en ronde danser
Sur les fleurs, danser la saga
De millions d'odeurs : d'amande, de lavande,
De fleur d'oranger, de rose, de jasmin…
A ton seul nom, Haïti, à nos oreilles
Comme une cymbale retenti,
On entendait l'invitation de l'été
A goûter au plaisir de la mer et des sorties,
Au plaisir de tes fruits sous nos palais enchantés :
Mangues, sapotilles, *kénèpes*[1], grenadines,

---

[1] Fruit du kénépier.

Grenadias[2], corossols, dattes, *sirouelles*[3], mombins,
Ananas, mandarines, cerises, figues-bananes,
Rosiers, tamarins, amandes, oranges,
Raisins, avocats, pommes-cannelles, *cachimans*[4],
Goyaves, papayes, canne-ananas, cocos,
Prunes, fraises, melons, pastèques …
Des milliers de saveurs de Barbancourt[5]
Et de soleil aromatisées
Au pic du midi quand Hélios dans son habit
De cristal et de diamant paradait,
Royal et divin, dans toute la splendeur
De son palais bleu, de cohortes astrales escorté.
La beauté et la vie bougeaient dans les mouvements
Des foules, jeunes et vieux, qui croquaient
Les plaisirs en pleins délires, à pleines dents.
A ton seul nom, Haïti, on voyait tes artistes,
Plus nombreux que les coquillages
Aux bords de nos passionnantes plages,
Plus nombreux que les étoiles rangées
Dans le coin de ciel qui nous appartient.
A ton seul nom, Haïti, douce Mirabilia,
On voyait défiler en file ininterrompue
L'élégance et la beauté des faisceaux de lumière,
Constellations sans nombre de nos filles fleuries
Avec le printemps, fines fleurs de mai :
Prêtes pour la moisson d'été,
Quand les courtisans en vacances,
Leurs paniers tendaient pour la belle cueillette,
Sous la brise du soir, sous le vent des désirs.

---

[2] Fruit de la passion.
[3] Variété de prune ou de prune-mombin.
[4] Anone.
[5] Rhum haïtien, très connu pour sa qualité et sa saveur.

Cerises et fleurs à la main, commence la cour,
Et l'on égrène poèmes et chansons
En panier d'osier déposés aux pieds de sa belle,
Et l'on chuchote des tendresses sans fin
Aux tympans flattés de la fleur du désir.
Haïti, à ton nom seul, on entendait « beautés ».

La pendule de Paris

Clopi, clopa, clopi, clopa, clopi, clopa,
Clopi, clopa, clopi, clopa, clopi, clopa,
Cloclopi, cloclopa, cloclopi, cloclopa,
Clopiclopa, clopiclopa, clopiclopa,
Cloclopi-cloclopa, cloclopi-cloclopa, cloclopi-cloclopa,
C'est la pendule du matin,
La parade des gens qui vont au travail,
Il est entre huit heures moins le quart
Et huit heures quarante-quatre.
Tec, toc, tec, toc, tec, toc, tec, toc,
Tec, toc, tec, toc, tec, toc, tec, toc,
Il est entre neuf heures moins le quart
Et neuf heures trente-quatre.
Tec… … toc … … tec… … toc,
Tec… … toc … … tec… … toc,
Il est entre dix petites heures
Et seize heures cinquante-neuf,
On va faire les courses ou se balader,
Ou régler certaines affaires administratives.
Clopiclopa, clopiclopa, clopiclopa,
Tec, toc, tec, toc, tec, toc, tec, toc,
Tec, toc, tec, toc, tec, toc, tec, toc,

Clopiclopa, clopiclopa, clopiclopa,
Clopi, tec, toc, clopa, tec, toc
Clopi, tec, toc, clopa, tec, toc, tec, toc, tec, toc,
C'est la pendule du retour,
On se presse de rentrer, de retrouver les siens.
Gling, gleng, gling, gleng,
Tchouuuuuuuuuuuuuuuuuuuuule,
Gling, gling, gling, gleng,
C'est le repas, tout le monde à table !
Enfin, le bonheur d'être en famille
Pour peu de temps avant de reprendre
Demain le petit traintrain de vie.

Tout passe, tout passe

Le jour qui naît parfum léger
Ou qui éclot poussin de vanille,
Kenzo l'eau, sous les douces heures
De l'aurore fraîche et virginale,

Nous chatouille les narines
Ou nous berce les oreilles
Avec des airs d'Henri Salvador,
De Ray Charles ou d'Yves Montant,

Puis il mûrit sous les âpres heures
De la mi-journée où nos sens ont grandi
Et deviennent, au malheur, plus mâtures
Et réceptifs aux aspérités quotidiennes.

Les heures passent et se noient dans le fleuve du temps,

Puis le beau jour, tel un vieillard hélas,
Va finir dans la sépulture de l'océan
Où il rend son âme avec grâce et beauté.

Mais plus qu'une mort, son blottissement
Dans les bras de la mer qui s'aurifie
En aspirant le souffle de son âme
N'est qu'un repos, un sommeil bleu.

Et le spectateur sous le charme
Mêle sa joie à celle de la nature ;
Il hume le souffle du jour qui expire
En vapeur orange sous ses narines enchantées.

Il étreint l'océan rempli de l'astre d'or
Et lèche l'horizon aux couleurs sombres et roses :
Une douce sensation s'envole avec son âme
Qui se perd dans les vapeurs du spectacle.

Sans préjugé

Et mon cœur bat chaque jour
A la cadence d'un quadruple croche
Pour ton cœur moche et hideux
Qu'il voudrait à tout prix habiter
Sans dédain ni préjugé ni même remords
Je voudrais planter ma fleur
Au fond de ton cœur aride et infertile
Planter ma perle précieuse
Tout mon diamant et mon or
Dans ton cœur, dans ce cœur !

Ce cœur sans prix et qui n'a rien pour plaire !
Ce cœur qui fait fuir tous ceux qui s'y approchent
Ou quiconque passe devant ton jardin
Nu, sans arbres, ni plantes, ni fleurs ;
Ce cœur de sable et de pierres grotesques fabriqué
De cactus et d'épines couvert !

Et pourtant la pendule de mon cœur
Marque un temps inconnu
D'aucun fuseau horaire
Un temps qui n'est connu qu'en musique
Elle joue le rythme d'un paradoxe !
Et cependant tu n'as ni d'oreille ni de cœur
Pour écouter cette musique
Pour comprendre cette cadence mortelle
Qui chaque jour m'enfonce et m'enfonce encore
Dans ce délire que ne peut nul humain
Comprendre, pas même toi,
Ni moi-même qui en suis une victime

J'accepte et porte sans maugréer
Le lourd fardeau de t'aimer
Comme une punition des cieux
Que j'aurais tant aimé éviter
Et toi ! tu joues la fière !
J'aurais aimé ne jamais exister
J'aurais aimé ne point connaître
Les douces choses de la vie
Rien que pour ne jamais te connaître !
Tu es la douleur dont je m'accable chaque jour
Tu es le fiel à mon miel mélangé
Je meurs de deux remords dans mon cœur
Chaque jour à coups de poignard agités

Celui de t'aimer et ton refus
De me tuer par ce oui que tu tardes
A prononcer pour mettre fin à mes instances
Ce oui à vertu salutaire qui mettra à ma vie
Une fin que de tout cœur je souhaite
Car de te porter infiniment ce sentiment
Je meurs à chaque instant de ma vie
Je ne puis te haïr et ne veux point t'aimer
Je paie les frais d'un châtiment divin
Je suis auprès du ciel en disgrâce tombé
Qui m'a chargé d'une si lourde croix
De te porter et te prêter mon cœur
L'enfer même m'eût été un bien doux paradis
Comparé à l'enfer que je vis
D'oser aimer un être comme toi !
J'eusse tant aimé ne jamais te connaître !

Démocratie

Je crée une pyramide avec mes mots
Un trône sur lequel je te place
Et tu règnes sur les sujets
Que je te soumets
Pour le bien-être de la patrie

Mais n'oublie point que ton royaume
Et ton trône te sont acquis par mes soins
Et construits sur le sang de mes mots

Tu ne me dois rien mais tu dois tout
A ce peuple sur qui tu règnes

Ce sont mes frères et mes enfants

Si tu dérives comme tes confrères
Qui t'ont sur la route précédé
Sache donc despote que je détruirai
La pyramide avec des mots

Car il vaudra mieux que je la détruise
Plutôt que de te voir répandre des maux
Avec des mots ou des actions
Que je regretterai après

Le peuple hélas a trop souffert
Le sang qu'il verse crie à mon cœur
Qui se débat dans la fournaise
Où se tourmentent tous mes espoirs
De voir s'élever en dignité
Notre chère Patrie
Joyau précieux mais maltraité
Dans la suie par des mains malpropres
Qui ont arraché ses fleurs

Je te crée une pyramide avec mes mots
Pour abriter mon peuple illustre
Elle n'est à toi, ni même à moi
Elle est à lui et à lui seul
N'ose donc pas y porter main
Je la détruirai par la foudre
De mes mots tyran
Assez que de confondre
Le bien public avec les tiens
Je te détruirai despote bandit
Assassin de mes frères

Peine perdue

Pauvre naufragé
Qui poursuit le vent du bonheur
Dans un monde de sable sous le vent
Pauvre voyageur
Egaré dans une cité de dunes
Sous la tempête
Ce n'est que mirage et chimère
Ton monde d'illusions
Ton cœur hélas perdu
Dans le gouffre infernal
Du désert de l'amour
N'a plus d'yeux
Pour voir le béant précipice
Où tu nages malheureux
Dans les eaux troubles
De ta fosse éternelle
D'où te viendra un sauveur
Une perche je ne sais
Mais assez te débattre
Avoue-toi vaincu
Il n'existe nulle part
Ce que toute ta vie
Tu poursuis
Tu te débats sans espoir
De sortir du puits
Où tu purges
Un éternel châtiment
Sur ton cœur planté

Qu'importe que tu me laisses !

Malheureux arbre qui ne nait
Que pour produire une seule fois
Fleurs et fruits et pour enfin entrer
Dans l'infertilité éternelle,
Pauvre arbre par la nature voué
A une insipide existence
Que j'ai voulu corriger,

Ah ! Ciel, que m'importe donc
Que tu t'arraches à mes soins
Pour aller voir s'il existe
Meilleur gardien que celui
Qui a donné un sens à ta vie
A son début piteuse et misérable !

J'ai déjà cueilli, hélas !
Toutes les fleurs et tous les fruits
De ta misérable existence ;
J'ai déjà bu et mangé
Ta verdure et ta jeunesse.
Tes feuilles jaunissent à présent
Et tes racines se dessèchent.

Va, je ne plante pas, sache-le,
Pour qu'un autre vienne récolter
Les fruits de mon dur labeur.
Je suis seul à connaître le secret
De ta jeunesse que nul autre que moi
Ne saurait garder intacte
Et éternelle : j'étais aveugle

Sur tes défauts, muet sur tes délires,
Sourd à tes hystéries,
Attentif à tes besoins.

Jardinier soucieux de ton bien-être,
Je t'arrosais, je t'émondais,
J'arrachais tes moindres feuilles mortes.
Gardien fidèle de ton cœur,
Je veillais constamment à assurer ton bonheur.
Je te chantais des odes,
Je chuchotais à tes racines
Des mélodies vanillées
Et des airs sucrés au parfum d'anis.

Tu étais mon petit
Et je te dorlotais
De mille gâteries.
Mais l'inconstance de ton cœur
Que je te pardonne, puisque
Tu le tiens de l'espèce humaine même,
Te pousse sur les rives
Où tu crois entendre chanter
Bien des vaux, monts et merveilles.

Va, telle une gazelle,
Par les prés qui t'enchantent,
Va courir sur les mers douces
Des illusions promises par une chimère
Qui montrera quand même un jour
Sa face terrible et mensongère.
Va, j'ai connu bien pire, va.

Mais quand tu reviendras

Un mouchoir à la main
Chercher une épaule amie
Pour pleurer tes malheurs,
Mes dents noire-bonbon
Qui n'ont jamais souri depuis dix ans
Verront enfin ce jour-là
La bienheureuse clarté
A ma joie ravie depuis bien trop longtemps,
Et je rirai de fort bon appétit.

Va-t'en chère, va-t'en mendier
L'amour sur la place où tu le crois
Logé. Tu l'as connu pourtant,
Mais tu crois, Ciel, hélas,
Ne l'avoir jamais rencontré.
Va-t'en chercher ailleurs
Le bonheur qui était à tes pieds,
Et tu reviendras bientôt
Les yeux rouges de sang.
Mais hélas sur toi seront fermées
Les portes du bonheur
Que tu as rejeté
Au profit d'une chimère douce et amère.

Tu t'égares loin du bonheur, hélas.

Drame

O pauvre homme qui a rendu à son auteur
Le souffle qui t'animait et te maintenait
Parmi nous, toi que nous aimions
Et avec qui nous riions, badinions,
Pauvre corps étalé là, devant nous,
Sourd à nos cris, indifférent à nos larmes,
Pourquoi donc as-tu choisi par cette arme
Si cruelle, si méchante, et par-devant nous tous,
D'écourter ta vie, cette fleur toute fraîche ?
Pourquoi as-tu, misérable, éteint ta mèche ?
Le suicide pour toi semble un bienfait,
Mais pour tes proches, sais-tu ce que c'est ?
Une bien pénible épreuve dont on peine
A se remettre, un puissant poison dans nos veines
Dont on ne se guérit que très lentement
Encore qu'on puisse ne l'être jamais vraiment.
Oh ! la vie était là souriante dans ton âme,
Malgré le deuil sûrement dont elle était voilée.
Damne ! qu'importe le gouffre dans lequel on rame,
Il y a toujours un coin de ciel étoilé
Qui éclaire toujours l'obscurité profonde
Qui plane sur nos vies et nous rend malheureux ;
Et qu'importe la colère des flots qui grondent
Dans le cœur de notre destin sulfureux,
C'est triste de planter un vilain poignard
Dans le pétale de la rose, triste passagère
Qui croît pour s'évaporer, tel un brouillard
Vaporeux et brumeux, dans l'atmosphère.
A quoi bon détruire plus tôt
Ce qui par essence même est appelé

A disparaître bientôt ?
Pourquoi ne pas attendre qu'il soit rappelé
Par celui qui le donne et qui doit le reprendre,
O pauvre âme évaporée dans le sang
Qui t'envole indéfiniment dans le temps
Comme ces atomes qui finissent dans les cendres ?

Tendresse amie

J'aspire dans tes narines
L'essence de ton âme,
J'ai bu la sève
De ton pauvre cœur,
Tendresse amie.

J'ai vu dans tes regards
Sublimes, plus étincelants
Que mille ciels en feux,
L'amour à chaque clignement
Battre des ailes
Qui disent long
Sur ton cœur.

O Tendresse mon amie,
Je marche depuis bien peu
Dans les sentiers
De ton sein béant
Et m'enivre déjà de douceur
Et de tendresses extrêmes.

Je mange des cerises

Poussées dans ton jardin,
J'inhale l'odeur des fleurs
Cultivées dans ton cœur.

Mais hélas !
J'ai bien peur
De la pomme qui a perdu
Mon père
Et je ferme les yeux
Pour ne point la toucher.

J'ai peur de traîner
Tel Adam en Eden
Un bien trop lourd fardeau
Je détourne mes yeux
De ce luxe maudit.

Tendresse, Tendresse amie,
Je ne puis aller là,
C'est l'enfer qui m'appelle.
Mais je boirai bien l'eau
Qui coule de tes astres,
Pour consoler
Ton cœur avide de péché.

J'aspirerai autant
Que faire se peut
Ton âme à la paille
A travers tes narines.
C'est bien assez ainsi,
Je ne pécherai point
A vouloir te plaire.

Je t'aime comme un fou,
Mais pas assez fou
Pour te vendre ma vie
Au prix du luxe
Que tu m'offres,
Je ne sais trop pourquoi.

Tendresse amie,
C'est assez que je t'aime,
Ne me demande pas plus.
A chaque chose son temps,
Celui de t'obéir
Jusqu'à perdre mon âme
N'est malheureusement pour toi
Pas encore arrivé.

Femme qui te poursuit
Un serpent à la main
Te prépare une surprise.
Je t'aime certes,
Mais j'ai peur
Du cobra que tu traînes après toi.
Ou tu veux m'étouffer
Ou tu veux m'endormir.

C'est assez que je t'aime,
Ne me tends plus d'autres pièges.
C'est à faner notre amour
Que tu veux m'étouffer.
Un peu de liberté
Me rendra plus heureux
Auprès de toi, Amour.

Je préfèrerais encore
Mieux que tu m'endormes
Plutôt que tu m'étouffes.
Tu vis déjà en moi
A travers ton souffle
Que j'ai aspiré.
N'aie point crainte,
Je suis à toi,
Personne d'autre
Ne pourra approcher
Ce qui est à toi de droit.

L'appel de la Sirène

Je m'en vais hélas à l'appel de la Sirène
Planter mon espoir sur une mer d'illusions
Le ciel rose à l'aurore
S'épanouit immense et plein de promesses
Et je m'en vais chantant les airs
D'une Espérance aux couleurs du firmament
Teinté de rose, d'émeraude et d'arc-en-ciel
Je cours je saute je vole
L'étalon affuté
Je vole au vent ses ailes
Bercé par les airs cannelle
De la déesse parfum de fraise
Je m'endors dans les bras
De mon Rêve enrobé d'aube et d'or
Mort aux éperons du quotidien haïtien
Mais hélas que de soupirs
N'ai-je pas laissé échapper

Après un soir de rêve où je me suis réveillé
Nageant dans mon sang
Au milieu de mille ronces
Message à qui veut bien l'entendre
Frères vous qui buvez
Aux eaux roses de la douce Sirène
La France est une chimère
Qui d'illusions bleues nous abreuve

Méchante amazone

Fière amazone,
Dragon noir qui craches
Ton venin de feu
Dans les fosses
De nos cœurs enfiévrés
Toi qui chantes l'air martial
Qui brûle tous nos sens
Entends-tu la mer
Siffler dans nos têtes
Lourdes de ton poison violent
Aïe
          Aïe
Arrête d'enfoncer ton poignard
Dans nos cœurs
En peine à se remettre
Du naufrage de leur barque
Foudroyée par la colère
De ta sœur aînée
Digne et austère amazone
Avec qui tu ne partages

Ni ascendance ni sang
Sinon votre cruauté
Aïe
      Aïe
J'ai besoin d'air
Et de ce pas même
Je m'en vais
Arpenter les bois

Nègre au front Sali

Et toi nègre, nègre au front Sali par l'histoire,
Toi pauvre nègre sur la destinée duquel
Cracha Las casas son luxe ostentatoire,
Toi qui acceptes l'affront tel quel,
Sans lever le petit doigt, sans gronder ta colère,
Or cependant mugit les flots impétueux
De ton cœur, volcan au souffle sulfureux
De ta rage en couvaison dans la fourragère
De ta haine sous les étincelles, hélas,
Nègre à la bouche bée, à la langue liée,
Qui peine encore à trouver ta place, d'efforts las,
Lève-toi et réhabilite ton histoire falsifiée.
Cesse de te retourner contre ton frère,
Construis avec lui ton nouveau destin.
C'est assez que tu marches en solitaire,
Pas d'avenir dans le chacun son chemin.
Sans haine, ni vengeance, poursuis ta route ;
Affiche à tes anciens bourreaux un noble mépris.
Nègre écroulé sous le poids du doute,
Tu peux encore laver ton front Sali.

Invitation

Allons allons Mignone
Danser la valse de la pluie
Allons allons Mignone
Flirter avec le ciel rose
Du couchant doré
Allons enfants badins causer
Avec les cailloux blancs
Sur les bords de la mer baveuse
Allons sucer le sucre
De la brise bleue
Qui caresse les branches saumon des arbres
Allons manger la crème
Des flots échoués
Au pied des rochers
Laissons-nous submerger
Par la douce amertume
De la mer qui pleure
Sur la poitrine du vent
Par ciel triste où il pleure
Dans le cœur rouge du firmament en peine
Ou par mer en fête
Qui sourit aux doigts de l'onde qui danse
Savourons les joies
De nos cœurs en délire

Rions rions du beau
Comme du laid
Rions du triste
Comme du gai
Folie la vie

Vivons heureux
Projetons projetons
Les rayons du gracieux
Arc-en-ciel de notre sourire
Sur la grisaille
Des cœurs emportés
Par l'ouragan
Des jours sans roses
Allons ma belle
Cueillir des fleurs
A déposer
Sur notre tombe future
Les ailes de la vie
Sont trop fragiles
Rions avant qu'elles
Ne se cassent sous le poids
De nos soucis
Le temps nous est compté
A compte goutte
On doit s'aimer

Liaison

J'épouse ma plume
Je caresse mes feuilles vertes
Je lèche les pages bleues
De mes créations
Tout ça doit me suffire
Je flirte avec mes vers
Et sur ma tombe
Iront danser avec grâce

Les fées qui de mes doigts magiques
Sortent avec ou sans art
Je caresse l'ombre de mes mots
Qui iront partout
Dire mes prouesses
Et porter mon nom
A travers terre et mer
Et danser avec les sirènes
De mon imagination
Hélas je suis poète
Sans le savoir
J'épouse désormais ma plume
Je flirte avec mes mots

Te revoir et mourir

Mes rêves emportés par l'ouragan destructeur
Et lavés dans l'humeur de l'exil,
Mon cœur, ciel crevé qui déverse ses larmes
Dans l'océan mélancolique
Et qui noie toute la faune marine,

Mes roses illusions blanchies
Par les pleurs éternels que répand
Mon cœur en sang sous un ciel hostile,
Mes dents chez toi, astres étincelants,
Noircies par les terreurs d'un climat étranger,

Ton ciel, d'un bleu doux et fidèle
Avec lequel j'ai dû divorcer
Pour épouser un ciel étranger et adultère,

Ah ! quelle folie ! Mais hélas quelle faiblesse
A l'appel de la sirène rose !

Mes efforts gaspillés dans la résistance
A l'acculturation et l'espoir d'un retour,
Mes énergies noyées dans le lac profond
De mes espoirs déçus et ensevelies
Dans le voile de mes yeux blanchis par l'exil,
Je traîne hélas une mer de regrets
Par une corde rompue ;
Je ne rêve que d'une chose,
O beau pays de mes illusions,
Te revoir et mourir.

L'ivresse d'un midi

Déesse africaine,
Je bois de mes yeux bruns
La grâce qui de ton front
Coule d'une source invisible
Et descend,
Descend jusqu'à tes orteils ;

Petite fée,
Je dévore de mes yeux insatiables
Le charme badin et gai
Qui ruisselle
De ton front gracieux ;

Petit astre noir,
Je cueille de mes regards enchantés

Ta grâce dans les hauteurs perchée
Et qui sur les ténèbres blanches
Luit, majestueuse ;

Je mordille de mes yeux éberlués
L'aurore qui point de ton front,
La vénusté rose sombre
De ton regard de jaspe ;
Je lèche ta beauté
De soleil à l'horizon couchant.

Tonnerre

Je prends mes mots par les cornes
Je tisse la toile de leurs maux
Il en sort des orages
Qui foudroient
Tout un monde
Bien assis dans son confort

Mauvais souvenirs

La dune où j'enterrais
Les souvenirs de mon cœur brisé
S'évapore dans le temps
Et le cadavre émerge
Putride
Triste résurrection
Pour un cœur qui saigne

De la résurgence des souvenirs
Qui ont détruit sa vie

A une fille chérie

Je te fais un lit de fleurs,
Je te fais un lit d'étoiles,
Et je te dépose belle enfant
Avec tendresse et délicatesse.

Je vais cueillir des fleurs,
Je vais cueillir des étoiles
Pour toi, oui pour toi,
Belle enfant,

Et je te poserai avec grâce
Dans un panier d'osiers,
Rempli de perles et de diamants,
Douce enfant.

Et je te poserai
Dans un lit fait nature
Au milieu du jardin
Où Eve devait régner en reine.

Je t'enverrai des fleurs,
T'enverrai des étoiles
Pour adoucir tes nuits
Et pour remplir tes rêves.

Je poserai ton lit

Au-dessus du ruisseau
Et je le remplirai
De mille feuilles diaprées.
Et tu entendras,
Dans ton sommeil perdue,
Le jargon des poissons
Et le doux chant des pies

Chargés par les soins du poète
De bercer ta nuit
De mille féeries et charmes,
De mille câlins chatouilleux.

Mes mains veilleront sur toi,
Mes yeux t'effleureront,
Et tu seras perdue
Dans mon monde magique.

Je t'ai cueilli des fleurs,
T'ai cueilli des étoiles,
Et les ai déposées sur ton lit,
Ta poitrine et ton cœur.

Prière

Je viens
Un bouquet
A la main
Demander
A ta majesté
De me céder
Ton cœur
Qui me tient
Prisonnier
De tes charmes
De tes grâces

Je viens
Un ruisseau
Aux yeux
Implorer
A tes pieds
La pitié
De ce cœur
Plus rigide
Qu'une pierre
Ce cœur sourd
Et fermé aux cris
De mon âme
Attristée
Et angoissée
Du sort
Que tu lui fais

Je viens

Les mains tendues
Le cœur saignant
Demander
La faveur
De ton auguste cœur
Ce cœur
Prude et altier
Mais depuis
Cinq cents ans
Tu ne daignes
Même pas
Jeter sur moi
Un regard
Même entaché
De mépris.

Et cependant
Je t'aime
Et cependant
Je répète
Mon geste depuis
Cinq siècles.

A Nathan

Je t'aime, petit chou,
Autant que j'aime ton frère.
Puisse le Ciel m'accorder
Le bonheur de rester
A ton chevet !
Car bien des vents veulent
Entraîner mon bateau
A un deuxième naufrage.
Je ne veux pas te devoir
Autant que je dois à Christian,
Si ce n'est que de vous aimer
Tous deux. J'aurai le sentiment
D'un éternel châtiment
Qui me condamne à errer
Loin de tout ce qui m'est cher.
Vous êtes mes deux trésors
Au fond de mon âme cachés.
Je vous aime, vous adore :
Vous êtes l'unique source de mon bonheur,
Mon souffle même
Ne vaut pas autant que vous deux.
Je ne respire que par vous.
Vous êtes mon souffle et ma vie.

Petit félin, plus beau
Que toute la faune en pâture,
Plus doux que le ciel rose de l'aurore,
Ma seule prière à celui
Qui dans les hauteurs de l'Univers
Détient son auguste trône

Est chaque jour qu'il m'accorde la faveur
D'être auprès de ta niche fragile.
Je ne veux point avoir
A quitter mon petit
Livré à lui-même et en proie
Aux attaques des fauves.
La source de mes larmes est tarie,
Je n'ai plus malheureusement
De pleurs à répandre,
Tant j'ai pleuré sur le sort de ton frère.
Puisse le Ciel nous accorder le bonheur
D'être chacun à côté de l'autre !
Pensons à ce que je dois à ton frère !

Amour volcan

Cette ivresse jaune sur mon front dessinée
Est langage, trésor,
Comprends-tu ?
Je me noie dans la plaine
De tes regards crépusculaires.
Cet amour grand comme le ciel,
Profond comme la mer
Qu'à tes pieds je dépose
Comme un vase aux dieux destiné,
Est le souffle de mon âme
Que je te donne avec bonheur.
Mais ta majesté ne daigne même
Y cracher un mépris ;
Or l'ondulation de ta silhouette,
Ton sourire fraise,

Tes lèvres cerise,
Tes yeux bleu-firmament,
Ton visage rose doux,
Ton corps rose cassé…
Emportent dans une tornade
Couleur fraise vanille
Mon cœur, esclave de tes charmes,
Pris dans la tourmente
D'un amour nucléaire.
Cette passion rouge dans mes yeux dessinée
Est un volcan dans une forêt mûre.

Le combat de la Poésie

Il pleut sur tes vers
Foins secs
Des cratères en fureur
Animés du dessein
D'incendier le verbe
Foudre qui explose
Des doigts du poète
Le ciel est en deuil
La terre est en fête
Et le poète meurtri
Regarde sans voir
Avec des yeux hagards
Le spectacle macabre
Feu !
Et la poésie s'embrase
Feu !
Et les mots répliquent

Avec plus de violence
Que toutes les bombes ennemies
Feu donc sur la poésie
Feu !
Et la poésie réplique
D'une douceur plus violente
Plus virulente encore

Et le crash des bombardiers
Par les tirs du logos atteints
En brumes se répandent
Dans l'atmosphère
Et retournent en rosées
Qui arrosent les champs
De la « poièsis » revivifiés
Puis le volcan s'éteint
Et s'agenouille devant le Verbe

Revanche

Entends-tu, frère, sourdre au loin
La voix de nos frères révoltés ?
Entends-tu gronder dans leur tête
Ce désir rose-vermeil de liberté ?
Ecoute, frère, écoute mugir dans leur sein
Les flots blancs clamant :
Liberté ou la mort !
Liberté ou la mort !

Entends-tu roucouler dans leur cœur impatient
Le tambour du désir… ?

Entends-tu marteler dans leur poitrine
La fronde mûre pour la moisson ?
Ecoute dans le silence de l'ouragan
Qui fait rage dans le ventre creux du volcan
Ces voix qui déchirent
L'omerta de l'histoire
Pour réclamer une société juste
Et égalitaire.

Compagnon, que fais-tu ?
Entends-tu l'impérieux appel ?
Marchons, marchons sur le dos des requins,
Sur le chant des sirènes,
Combattre aux portes des enfers
Les rhinocérocrates,
Les chiens-vampires.

Frères camarades,
Voyez s'ouvrir les écluses de l'aurore
Pour déverser la colère des exclus
Sur le confort des loups-garous.
Amis, regardez avec horreur ou joie
La déferlante crue où nagent
Les corps muets des bourreaux d'hier.

Et l'effroyable torrent
Qui échoue dans la plaine
Où jonchent les pages mortes
De l'horrible poème
Lave en une minute
Le sang de deux siècles d'histoire.
Un nouveau jour se lève
Caressant le lit rose de l'océan serein.

La danse de la pluie en Haïti

La pluie danse le rara
Puis du rara elle en vient
Au vieux gris
Du vieux gris
Au rythme du deux-huit croisés
Et contrebalancés
Elle passe au merengue
Du merengue à la samba
De la samba au tango
Du tango au bachada
Du bachada au patchatcha
Du patchatcha au kompas
Du kompas au zouk
Du zouk au kompas
Du kompas à la samba
De la samba à la mambo
De la mambo à la mamba
De la mamba à la salsa
De la salsa à la valse
Et de la valse au merengue
Du merengue au vieux gris
Au rythme contrebalancé
Au deux-huit croisés
Airs rythmes gais et badins
Sur lesquels dansaient
Grand-mère la pipe clouée au bec
Grand-père saoul *sou di centim tafia*
Dans le bonheur
Des jours heureux

Voir Venise et mourir

Venise, Venise, mourrai-je sans te voir ?
Sans m'enlacer dans tes bras ?
Venise des couleurs, Venise des voluptés,
Mourrai-je sans marcher dans ton ciel ?

Venise, Venise, mourrai-je sans voir tes voiles ?
Mourrai-je sans caresser tes murs ?
O Venise des amusements gais et folâtres,
Mourrai-je sans flirter avec tes pirogues ?

Bonheur perdu

Je chante dans les prés l'infatigable refrain
D'un bonheur perdu dans l'ombre du progrès
Je chante sous le vent mon désespoir bercé
Dans l'illusion bleue du retour des flamants-roses

Et le vent emporte les ailes de ma voix
Qui vont se casser dans les portes de l'horizon
Rose au lointain gris-cendre de près
Et je répands de la suie vert sale

De mes yeux fatigués de pleurer
Sur la catastrophe poéticide
D'un monde tourné vers le grotesque
Qui broie dans son développement effrayant
Et poésie et nature

La payse haïtienne

Cette grâce ô payse
Qui ruisselle de ton front
Tel le vent qui caresse
Le ventre de l'océan
Ou qui lèche
Les seins lactés des arbres
Je la tète au bonheur de mon palais
Noyé dans le fleuve de ton regard
Qui choit par gouttes rompues
Dans le vase affamé de mes yeux
Avides de lustres et de beauté

Cette pluie d'étoiles ô payse
Qui tombe de ton sourire
Et se déverse sur nos vallées ternes
Fleuries de tant de malheurs
Cette candeur douce
Qui luit de ton visage gracieux
Cette fraîche et douce brume
Qui se répand de ta beauté
Et arrose les plaines de nos cœurs
En pâture dans l'exubérance de tes dons
O payse au front fier et austère
C'est ton charme et ta richesse
C'est le reflet d'un pays riche en merveilles

Complainte du poète en exil

Je mange ton ciel maudit
Comme un pain pluvieux, gris et sombre.
Je bois tes eaux polluées
Comme une rivière empestée
Qu'on hume dans un verre
Par jour gris ou ciel bleu.

Je mange ton ciel morne,
Poésie grise, fade et sans joie ;
Poésie triste, sans couleur,
Sans rose, sans aurore,
Sans crépuscule ; poésie qui pleure
Sur les épaules de la mélancolie.

Je bois ton ciel froid,
Insensible aux abois
Du passant échoué dans tes murs,
Pauvre naufragé en souillure
Qui cherche une sépulture
Où ensevelir ses pleurs,

Traumatisé par la terreur
Des mains sanguinaires
Qui châtient la colère
Des grands cœurs révoltés,
Naturellement portés
Contre les dictateurs.

Je mange le pain maudit
Que ton ciel met dans mon assiette.

Je bois tes brouillards et tempêtes,
Lait bouillant dans mon verre maudit,
Et je vis en zombie pitoyable
Dans tes beaux murs effroyables.

Femme

Tu es l'or dans les mains de la rose
Bouquet dans le cœur du fleuve

Tu es le sel dans la paume de la pluie
Plume de paon sur le dos de Zéphyr

Tu es la rose dans la bouche du volcan
Le souffle dans le cœur de l'air

Tu es l'aube qui fleurit
Dans un jardin qui mûrit

Femme j'entends les cris de détresse
Que tu lances à ton secours

Voilà astre fragile
A la voix enrouée par la frayeur
Pourquoi mon cœur magnanime
A ta voix veut répondre
Je suis ton rempart et ta forteresse

La poursuite de l'horizon

Plus je marche vers l'horizon rose
Que je veux atteindre et contre quoi m'étreindre,
Plus il me semble infini et rose.

Plus je cours, plus je vole vers l'autre bout
De la mer et du ciel joints par une toile bleue,
Plus il me semble impossible d'y parvenir.

En vain l'on poursuit l'horizon,
En vain veut-on atteindre le secret mauve
D'un monde qui se ferme à la curiosité blanche.

Toit et moi

Je danse sur le rythme de ton cœur
Ponctué à la quadruple croche
Je vis au rythme de tes yeux
Qui battent à la blanche et à la ronde

Je regarde à travers tes yeux
Je respire à travers ton souffle
Je suis l'autre toi-même dans un autre être
Je suis ton alter ego
Tu es l'autre moi

Tu m'as volé mon moi
Tu m'as donné ton toi
Je ne suis pas mais "je te suis"

Je ne suis plus mais j'« es »
Toi non plus tu n'es pas mais "tu suis"

Tu es mon alter ego
Je suis ton alter ego
Notre conjugaison s'altère :
"J'es" "tu suis" mais "nous sommes"
Voilà la nouvelle syntaxe de notre vie

Nous dansons au bonheur enfiévré
De nos sens altérés
Sur les airs du ciel à l'aurore
Sucrés du parfum de lavande

L'aurore

Le soleil qui se lève vêtu d'or et de rose
Lèche la rosée avec sa langue saumon
Lingot de perle et d'argent sur les feuilles déposé
Goutte d'or qui adoucit les couches de Morphée
Volage admiré qui court par toutes les nuits
Apporter aux blessées flirt ou consolation

Le soleil sur le lit infidèle des feuilles
Caresse la rosée avec des doigts de petite fée
Et sur un rythme de tango sur un air de jazz
Il aspire son souffle de cristal
Qui s'évapore dans ses narines vermeilles

Le couchant

Après une longue journée de parade
Royale de somptueux diamants vêtu
L'auguste Hélios qui de sa gloire
Tout l'univers éclaire hâte ses pas
Il va tremper ses pieds fatigués
Dans le cœur bleu de l'océan qu'il caresse
Chaque soir dans un rite quotidien
Et l'onde danse à son passage
Sous les caresses de son manteau doré
Qui l'effleure au fur et à mesure
Qu'il descend
Qu'il la chatouille et la mordille
L'océan le boit et devient
Fluorescent et tout or

Le crépuscule

Le crépuscule au cœur d'or
Se teint de la couleur de poésie
Mon cœur dans sa mélancolie
Y plonge y plonge ses doigts morts

Le ciel est triste et la mer sombre
Il pleut hélas à l'horizon
Mon cœur plane comme une chanson
Au loin jetée comme une ombre

A la surface de l'océan

Ma voix mes yeux remplis de blues
Contemplent au loin en fainéants

Le doux spectacle où des étoiles
A peine visibles sur la toile
Entonnent joyeuses un air de blues

Gracieux souvenirs

Exquis souvenirs
Des jours de ma jeunesse
Qui flottent dans l'air
Du temps insensible
Qui dansent dans ma mémoire
Et flirtent avec mon esprit

Roses joies folâtreries
Je vous déshabillerai
Au chevet de ma lampe
Quand l'heure rose-noire
Sur mon lit soufflera

Courons gaiment
A cache-cache jouons
Libellules papillons
Baisers roses et livides
Caresses blanches
Chuchotements verts pâles
Câlins abricot
Douceurs jaunes
Je vous déshabillerai

Aux douze sons de minuit
A l'heure rose-noire
Des épanchements orange

Et la ballade continuera
Sous les roulements du tambour
Sous l'odeur du thé cannelle
Sous la senteur des fleurs d'oranger
Ou le parfum des lilas

Et nous danserons
Sous le rythme
Des cotonniers sous le vent
Ou des cocotiers sous la brise

Galanterie

Tourterelle amie
Plus belle qu'une paonne
Plus galante qu'une colombe
Ta robe de soie
En passant près de mon cœur
Le gratouille
Et me perd
Dans le rêve
Obscur
De te plumer le bec
Et de te séquestrer
Dans le palais
D'émeraude et d'ivoire
De mon cœur déjà

Prisonnier de ta délicatesse
Mais hélas je ne puis
Puisque tu t'es toi-même livrée
Comprends ma réfraction
Puisque suis habitué
A séduire avec peine
Et plaisir
Avec passion et bonheur

Mon cœur ringard hélas
Préfère gravir les marches
De l'Himalaya
Pour aller cueillir les fleurs
Jonchées dans les jardins suspendus
Du cœur en floraison
Je ne veux rien acquérir
Sans peine ni bonheur
Œuf florissant
Va donc délicieux fruit
Te percher
A la cime du chêne
Et je viendrai
Poèmes et chansons à la bouche
Ma guitare sur le bras
Mon piano sur le cœur
Te cueillir à plaisir
Je ne puis te laisser
Pour le bonheur d'un autre

Le bonheur de grandir avec ses enfants

Sais-tu ami
Nos enfants roses qui éclosent
Sous nos yeux pâmés de bonheur
Sont la source où nous puisons
Notre ration quotidienne de bonheur

Ces poussins qui piaulent
Leurs refrains de tendresse
Qu'ils déposent inlassablement
Sur nos joues qu'ils rajeunissent de bonheur
Picorent dans nos seins
Leur ration d'affection
Engrais qui les fait pousser
A notre insu

Et notre maisonnée
Jardin où fleurissent l'affection
La tendresse et le bonheur
De nos cœurs comblés
Est l'Eden retrouvé
Où tous les arbres chantent
Un éternel refrain d'amour

Au tribunal

Maudite nation qui trempe sempiternellement tes mains
Dans le sang de ton peuple
Peuple aux yeux hagards et effarés dans le sang de tes
frères
Peuple sanguinaire qui se nourrit
De scènes et de spectacles répugnants
Peuple cannibale au goût marqué pour le funèbre
Peuple malheureux et piteux
Qui porte les stigmates de l'horreur européenne
Bandits assassins pilleurs
Consciences éhontées
Triste produit qui reflète la hideur macabre
De la conscience esclavagiste

Je redécouvre avec une profonde horreur
Une profonde pitié
Et un profond mépris
La profondeur incommensurable
De ta hideuse nature
Peuple de sauvages
Triste produit de la pensée raciste européenne
Qui corrobore hélas sa thèse raciste
Peuple d'esclaves et déshumanisé
A la nature altérée par le vice Hideux
De l'Europe flairant l'or et les épices
Et subjuguant leurs détenteurs
Avec des chaînes aux pieds et aux mains
Et les libérant avec des chaînes à l'esprit

Peuple piteux vil et vicieux

Dont chaque sujet amasse pour soi
Tout l'or à l'ensemble du peuple appartenu
Esclaves pervers et dépravés
Requins pitbull Tigres féroces
Qui étendez sur votre passage
Des cadavres qui jonchent et parsèment
Votre nauséeux palmarès

Esclaves aux sens pervertis
Qui provoquez le dégoût
Partout où vous portez vos pas
Peuple aux mains trempées
Dans l'histoire de l'Horreur et de la Hideur
Peuple vil et petit
Je vous juge au tribunal de ma conscience
Eclaboussée par l'abjection infâme
De vos actes répugnants
Et je chie et je vomis
Sur votre pitoyable et piteuse nature
Nèg san sal

Veux-tu belle amie… ?

Veux-tu que je t'emmène à la prairie,
A la prairie en fleurs où dansent les papillons ?
Veux-tu que je t'emmène au vallon,
Au vallon traversé de ruisseaux
Où dansent les oiseaux et valsent les poissons ?

Veux-tu que je t'emmène sous les rosiers,
Sous les rosiers en fleurs où tourne la ronde des abeilles ?

Veux-tu que je t'emmène sous les bananiers,
Sous les tamariniers et sous les caféiers,
Les caféiers reverdis par la saison de pluie ?

Veux-tu que nous marchions sur le lit de l'océan,
Le grand lit bleu de l'immense océan
Où répandre nos pleurs ?
Veux-tu que nous marchions sur les nuages,
Sur les nuages gris où nous serons oiseaux ?

Allons, courrons après la vie et le bonheur !
Nous serons seuls, nous serons deux,
Rien que toi et moi.

Jeunesse insouciante

O jeunesse qui vas insouciante dans la vie,
Ecrasant mille trésors sous tes pas,
Et qui marches dans l'illusion d'un bonheur
Qui n'est que passager et trompeur,
L'illusion d'un âge d'or éternel,
Arrête de boire, ô jeunesse affolée,
A la source de la chimère. On y a bu
Aussi et jusqu'à l'ivresse ; puis on s'est réveillé
Tous ivres de désillusions un jour.

Rêves creux, tout n'est que mirage. Le temps passe
Et demain les roses se fanent bien vite.
Le temps d'une ronde ou d'une saga,
Jeunesse s'évapore et les rides fleurissent
Légions sur les rives du visage

Qui devient sous peu un champ où mûrissent
Les graines d'une vieillesse revancharde,
Vengeresse et vindicative, avec rage
Dressée contre nos folâtreries et les folies
De nos jours d'insouciance ; dressée
Avec furie contre à peine dix ans
De vie arrosés de vin rose et parfumés
D'une nycthémère odeur de lavande et de lilas,
De cerise et de papaye, de rose et de mangue.
O jeunesse, jeunesse égarée
Dans les sentiers tortueux d'un mirage trompeur,
Sache que pour vivre tu n'as que dix ans
Comptés de quinze à vingt-cinq ans hélas,
Puis viennent les épines et les écueils.

Ris, ris bien de la vie, avec sagesse ou folie
Car les jours sont comptés dans leurs moindres détails :
Une étape de la vie où l'horloge se dérègle,
Le temps passe en fusée, on s'en souvient à peine ;
Juste le temps d'un regard et tout s'évanouit,
Oui tout s'envole : et roses et folies et nos illusions,
Et jeunesse n'est plus. Plus brève que l'enfance,
Plus courte que l'âge mûr et la vieillesse,
Jeunesse n'est que le brouillard de la vie.

O jeunesse qui rit et danse sur le chemin
D'une vie indocile et cruelle
Que tu ne connais point encore, pauvre jeunesse
Perdue dans un rêve sans fin, ni bornes,
Dans un horizon rose de tromperies
Et de promesses mensongères, pauvre jeunesse,
Je te regarde avec pitié comme on regarde
Les brebis qu'on mène à la boucherie,

Car tu me rappelles mes propres illusions.

La poésie et la vie

Par un ciel gris, sombre et grincheux
Où la vie semblait noyée dans la mélancolie,
Je courais en chevauchant le vent
Chercher un coin où enterrer mes larmes,
Car il pleuvait tellement fort dans mon cœur
Que le ciel même flottait dans l'océan de mes yeux,

Et sous les éperons de mes talons farouches,
L'infatigable zéphyr
Sur une colline m'emmena
Et me fit contempler la douce mélancolie
Du soleil suicidaire qui s'enlisait et se noyait
Dans la frange d'une mer pourpre sombre.

Et je vidai mes yeux dans la mer asséchée ;
Et je fis les obsèques de mes pleurs consolés.

L'humaine folie

On suit le vent en courant à tue-tête
Chercher l'illusion, le mirage qui n'est pas.
Le sens n'est pas, on court comme des bêtes
Après le néant et ce qu'on ne connaît pas.

Triste monde qui arpente la mer

A pieds pour aller découvrir la richesse
Et qui boit les sables chauds du désert
Sans larmes, ni pleurs, ni même détresse,

En courant après la fortune et l'or !
Hélas tu ne vis pas mais tu t'épuises
A vouloir t'enrichir à tort,
Puisque épuisé tu ne pourras pas à ta guise

Profiter du peu de temps qu'il te restera
A passer dans cette brève existence.
Cette course ta vie limitera.
Mesure-la dans la balance

De la sagesse et croque le bonheur
Qui te suit comme ton ombre
Qui caresse tes pas dans la douceur
Des heures fraîches où les pénombres

Passagères pressées d'éclipses éphémères
Sur ta vie projetées dans les couloirs du temps
N'ombrageront que peu ton passage nycthémère
Dans l'aventure, trop brève, du temps.

Mon adorable docteur

Je vous aime docteur
Dans toute la fureur
D'un cœur rouge sanguin
Aux bienveillants desseins.

Tes astres ruisselants,
Bouquet fluorescent,
Eblouissent mon âme
Qui vient dire sa flamme

En un rythme haletant
Où mon cœur bégayant
Ne trouve plus ses mots,

Foudroyé par ta grâce
Qui mon courage efface
A l'aune de mes maux.

Monstre aux cent yeux effrayant

Immortel être qui surgit du fond de l'abîme
Etre à cent têtes et cent yeux
Sans pieds ni mains
Etre amorphe
Qui es-tu

Je suis
Fille
De
L'Afrique et de l'Europe
Je porte les gênes
Crochus
De mon
Père
Je lui dois
Mon cœur et ma face
Je suis à son image
Je suis son ombre
Je suis son frère

Je fus à l'amour de ma mère arrachée
Je ne connais pas son sein
Je ne connais pas
Sa tendresse
Son visage
Son sourire
Je fus
Traité
Pour
Etre une bête

Un démon
Qui dévore
Mes propres fils

Mon père
M'a aliéné
Il a modifié
Mes matrigênes
Pour que je devienne
Un impitoyable monstre
Pour les miens
Et je le deviens
Et je ne puis rien
Et je dévore tous ceux
Que j'enfante
Avec rage et bonheur
Je suis haï siens
Je suis
Fille
Des
Enfers
Je suis
Le gouffre
Qui reprend
Et avale tout
Ce que je crée
Et qui les broie
Au bonheur de mon géniteur

Toast en l'honneur d'Haïti

Je lève ce verre
Sans doute le dernier
Avant le naufrage de la barque
Qui nous mène vers les rivages inconnus

Nos rames cassées levons nos bras
Et buvons avec courage les mousses des flots
Qui menacent de submerger nos vains espoirs
De voir le port et de toucher la fin du périple

Nous voguons hélas loin des rives de l'espoir
Au milieu d'une bouilloire
Où pétillent nos malheurs
Qui dansent inlassables et éternels

Nos verres à la main nos souhaits à la bouche
Fulmine la coupe trop pleine de mots
Qui explosent en même temps que nos maux
Et le sanglot des vagues à nos larmes joint
Se répand comme une pluie de regrets
Nous t'avons aimée chère Patrie

Loin de ma terre

Le ciel crache sur ma tête
Le venin acide des aspérités de l'hiver
De l'exil permanent
Que je suis forcé de vivre
Loin des douceurs de tes alizés
Et des splendeurs de ton horizon
Bleui par la pureté de ton firmament
Le bonheur verdoyant de mon cœur
Autrefois fertile
D'allégresses et de douces folies est tari
Et mon âme aujourd'hui désert
De sable brûlant et mouvant
Est source de pleurs intarissables
Le coin de ciel où ma tête arbore
Un semblant et satisfaisant repos
Sous les douloureux arçons d'un *exil doré*
Fait pleuvoir chaque jour dans mon cœur
Un déluge qui noie mes rêves
Dans les murs abricot de mon bienheureux asile
J'ai fui devant la mort pour ne trouver que la mort
Chez un peuple de roses couronné
Pour sa croyance aux valeurs humanistes
Et son maintien de l'étendard des valeurs universelles
Dans les cimes élevées des Droits de l'Homme

Loin de tes seins hélas
Je contemple les yeux hagards et l'âme effarée
L'indolence et la non-pugnacité de mes frères
Devant l'impudeur des félons
Qui trempent leur barbe

Telles les racines dans le clairin ou le Cinq Etoiles
Dans le sang ambré du peuple
Et je me révolte loin de tes murs
Du spectacle infâme et impudent
Que donnent ces vampires aux têtes glabres
Humant jusqu'à la lie l'odeur pestilentielle
Des cadavres que leurs mains ivres
Répandent sur les pavés des rues fatiguées
Et Port-au-Prince qui fut dans les années d'après-Guerre
Avec toute la beauté qu'elle offrait
Au beau monde qui y allait chercher
Exotisme détente spirituelle et plaisirs
Des sens tous les week-ends
Le centre cosmopolitique du monde
Devient aujourd'hui la risée des nations
Le théâtre bouffon et tragique
Qui satisfait tous les goûts
Par la faute de ces ânes-faucons
Auxquels nous donnons la clef du palais

Complainte

Nous chantons sur des rives inconnues
Des airs roses aux oreilles des Nymphes tombés
Comme une rosée d'améthyste
Qui s'échappe de nos yeux
Cherchant un ailleurs
Pour échapper
Aux dures flèches de l'exil

Le pouvoir de la poésie

Quelle est cette poésie
Blanche vanille
Qui enfièvre nos sens
Jusqu'à l'ivresse
Rose de l'aurore
Et nous transporte
Jusqu'aux plus hautes sphères
De l'éther rose saumon
Du vert bonheur d'ivoire ?
C'est la danse mystique des images
Qui valsent sur le tapis rouge
Des mots qu'on jette
Ça et là
Dans le tombeau
Des enfants mort-nés
Que nous enfantons pour le plaisir
Des amoureux.
C'est la musique des figures
Qui ne parlent d'autre langue
Que la musique,
Rien que la musique.

Fou de toi ?

Dans la tombe où meurt mon désir,
Je creuse une cheminée
Pour aérer mon âme
Et garder donc en vie ma passion.

Mes yeux à ton cœur sont fermés
Mais mon cœur à tes yeux est ouvert,
Et tu vois chaque jour défiler
Les heures longues où mon âme saigne

Des maux que tu me fais.
Tu me tues tous les jours,
Mais je t'aime hélas et je ne puis que cela ;
C'est ma prison, mon enfer.

Et la bière où j'enterre, sous le regard de tous,
Ce qui me lie à toi, chère,
Fond hélas sous le feu de mon devoir.
Je ne puis hélas te chasser de ma vie.

Tu es hélas la prison où s'enferme mon âme.
Je ne te hais, ni ne t'aime non plus,
Mon cœur hélas est pris au piège
D'un amour par devoir
Où échoue ma liberté.

Vie pas chère

Il choit dans mon cœur
Un déluge de larmes
Répandues sur mon peuple
A la boucherie des cupides
Amené pour être chaque jour
Sacrifié au bonheur
De ces bourreaux de la Patrie.
Et la cataracte des cadavres
Que leurs maudites mains
Lâchent depuis le faîte
De l'autel de leur avarice,
Berges souillées et putrides,
Remplit les bords de dépouilles
Qui jonchent les rives malheureuses
De la nation hélas
Qui se noie dans la rivière empestée
D'une tradition junglesque
De féroces insensés
Qui tuent à la tigre.

Ils cueillent joyeux les vies
Comme ils cueillent les fruits
A jeter au bonheur de leurs porcs.
Mais quand par malheur
On fauche le plus vil de leurs chiens,
La foudre de leurs mains
Toute une population terrasse,
Pour venger le malheureux animal.
Et pour comble d'absurdité,
Ils chient sur le corps de leurs victimes

Et donnent à leur chien un cercueil en or.
Que vaut la vie de nos compatriotes ?
Pas grand-chose,
Rien du tout.

Je crache le mépris
Sur ces viles âmes sans âme
Et j'offre mon chant
A vous tous mes frères
Qui avez le malheur
De naître dans cette jungle
Où la faune sauvage
Est piteuse et sanguinaire.

Sempiternels mauvais temps

Le ciel qui pleure
Et qui répand ses larmes
Sur le lit de la mer,
La mer qui languit,
Dévêtue par les flots
Qui dévastent ses plaines,
Le soleil qui maugrée,
Fâché contre les nuages
Qui ternissent sa beauté,
Les vents qui dénudent
La cime de tes arbres,
La tempête qui cueille
Le toit de tes maisons,
L'ouragan qui balaie
Tes champs et tes prairies,

La cupidité, sangsue qui ventouse
Tes ressources exsangues,
L'irresponsabilité qui lapide
Ton histoire meurtrie,
La source inépuisable
Qui fertilise tes malheurs,
Le ténébreux brouillard
Qui voile ton avenir,
Le gouffre béant
Qui se dresse sous tes pieds,
Le volcan où se consument,
Malheureuses, tes branches
Encore pleines de vie,
Arrachées et jetées avec rage
Dans la géhenne infernale
Du big-crush historique,
Enfin tous les séismes de l'histoire
Qui concourent à te rendre malheureuse
Noient mon cœur
Dans les eaux boueuses
Des dépouilles de tes étoiles
Mortes avant d'entrer dans l'histoire
De notre pitoyable nation.
Et mon cœur, insignifiant atome,
Flotte perdu dans l'immense océan
De tes malheurs.

L'été

Le soleil éclot, le ciel fleurit
Laissant loin derrière
Les poils hérissés de l'hiver,
La nappe blanche qui recouvre
Le toit triste des maisons
Qui pleurent à froides larmes.

Le soleil mûrit dans les montages
Et rit dans les plages sablonneuses,
Et les randonneurs et les baigneurs
Le cueillent, le cueillent avec bonheur,
Fruit doux qu'ils attendaient impatiemment.

Le ciel sourit à nos cœurs bleus,
Pur et franc sans l'ombre d'une hypocrisie,
D'une innocence franchement bleue ;
Il nous montre dans la douceur bleuie du firmament
Ses dents d'argent,
Ses yeux de perle irisée
Qui jettent sur nos inquiétudes
Une ombre douce et apaisante.

L'été revêt sa parure impériale,
Et comme un roi, et comme un prince,
Jette et répand ses largesses.
Et nous, amoureux fous d'or, d'argent et de roses,
Allons ramasser les pépites de ciel
Chues abondamment sur nos têtes
Et cueillir les roses du midi
Que nous allons déposer avec bonheur
Aux pieds de nos belles.

L'été est riche en grâce, en dons et en beauté.

Deuil éternel

Mon cœur, cet abime immense
Et profond de malheurs rempli
Saigne chaque jour
A chaque fois qu'une goutte
Vient troubler son exil somnolent
En y tombant à grand écho.
Haïti, terre fertile en drames,
Flotte perdue à l'horizon
Dans le sang gratuit de ses fils
Qui se déverse violemment
De l'urne crevée du ciel
Dans l'abysse insondable de l'océan avare.
Et le couteau à chaque fois remué
Dans la plaie béante et vive
D'un exil que je n'ai point choisi
Aiguillonne mon patriotisme
Qui crie et pleure sous le sadisme odieux
Des féroces anthropophages,
Ces fauves plus loin de l'humanité
Que toute la faune redoutable.
O pauvre éplorée qui compte tes morts,
Triste et pensive,
Telle une pauvre épouillant ses enfants,
Roses noires assassinées sous les poignards vandales
Et répandues sur le voile endeuillé
De la gratuité des esprits sanguinaires et tordus
Qui s'éploie dans l'atmosphère infecte des crimes

Que leurs mains sèment enjouées
Et le sourire aux dents,
Quand donc tarira la source de larmes de ton cœur
meurtri ?
Qui séchera le ruisseau argenté
Qui sillonne tes joues et descend à tes pieds ?
O pauvre île qui ballote usée
Dans la mer de sang profonde de tes fils,
O pauvre veuve qui déverse la pluie acide
De tes yeux, las de pleurer, sur les cadavres
Qui décorent tristement tes plaines,
Qui mettra fin à cette spirale de violences
Qui planent, oiseaux funestes,
Dans ton ciel toujours en pleurs
Et jamais consolé ?